¡APRENDE YA!
A TOCAR GUITARRA

por Ed Lozano

¡Una guía ilustrada que acerca a todos los guitarristas al fascinante mundo de la guitarra!

Para obtener al audio, visite:
www.halleonard.com/mylibrary

Enter Code
2589-7773-8399-8845

ISBN 978-0-8256-2886-3

For all works contained herein:
Unauthorized copying, arranging, adapting, recording, Internet posting, public performance,
or other distribution of the music in this publication is an infringement of copyright.
Infringers are liable under the law.

Visit Hal Leonard Online at
www.halleonard.com

Contact us:
Hal Leonard
7777 West Bluemound Road
Milwaukee, WI 53213
Email: info@halleonard.com

In Europe, contact:
Hal Leonard Europe Limited
42 Wigmore Street
Marylebone, London, W1U 2RN
Email: info@halleonardeurope.com

In Australia, contact:
Hal Leonard Australia Pty. Ltd.
4 Lentara Court
Cheltenham, Victoria, 3192 Australia
Email: info@halleonard.com.au

Para el Dr. Eduvino Mateus, mi tío, quien me a enseñado las cosas más importantes en la vida.

Fotografía de la portada: Randall Wallace
Editor del proyecto: Ed Lozano
Diseño gráphico: Sol y Luna Creations

Los derechos de autor de este libro pertenecen a Amsco Publications Copyright © 2004
Una división de Music Sales Corporation, Nueva York

Todos los derechos reservados.
Ninguna parte de este libro podrá reproducirse de cualquier forma
o por cualquier manera ya sea electrónica como mecánica,
incluyendo sistemas de almacenamiento y obtención de información
sin el consentimiento previo por escrito del editor.

Índice

Lista de temas musicales del audio

Introducción

 Pista 1 ¡Bienvenido a *¡Aprende ya! A tocar guitarra.*

La guitarra es el instrumento más popular de todo el mundo. Todas las personas, han soñado poder tocar un instrumento musical de alguna u otra manera. Una cosa es soñar y otra muy diferente es llegar a hacerlo, pero ¿cómo empezamos?

Este método ha sido probado y comprobado con muchos estudiantes. Algunos han llegado a tocar profesionalmente, mientras que otros han disfrutado de la capacidad para expresarse delante de amigos y parientes. Otros se han dedicado simplemente a disfrutar y entretenerse a sí mismos.

El método está escrito en español con canciones folklóricas y tradicionales de Latinoamérica, este método está creado especialmente para principiantes. Todos los ejemplos se presentan de forma gradual y se demuestran en el disco compacto de acompañamiento.

Aunque piense que tocar guitarra es difícil, es posible con un poco de práctica. Este libro no pretende convertirlo en un guitarrista consagrado, pues para esto usted necesitará un maestro y muchas horas de estudio. El objetivo de este libro es que usted empiece a crear un fundamento musical básico y se lance a tocar sus canciones favoritas.

A medida que avance en su estudio, descubrirá que se ha iniciado en el mundo musical de una manera fácil y estará mejor preparado para iniciar clases con un maestro si ése es su deseo.

¡Vamos a empezar!

Cómo usar este libro

El Propósito de este método y audio es ayudarle desarrollar un entendimiento completo de las técnicas necesarias para tocar la guitarra. Todos los ejemplos están escritos en notación musical común y se demuestran en el disco compacto de acompañamiento. Aunque no se puede reemplazar el hecho de estudiar con un maestro, este método le ayudará a aprender y practicar de una forma fácil y divertida.

Los temas del método se presentan de forma gradual y progresan de una forma lógica. Estudie despacio y escuche el audio. No avance al próximo tema hasta que domine el ejercicio anterior. También trate de tocar con el audio intentando imitar el sonido de la guitarra.

Seguro que está deseando empezar a tocar, pero antes de hacerlo, le recomiendo que eschuche el audio mientras sigue el libro con la vista. Aprender a escuchar adecuadamente requerirá algo de disciplina. Repita el tema musical para escucharlo las veces que quiera. De cualquier manera estará aprendiendo mientras toca y tocando mientras aprende.

Escribí este método mientras aprendía a tocar. Mis maestros me ofrecían sugerencias y yo incorporaba sus ideas. No fué, sin embargo, hasta que comencé a enseñar a tiempo completo que se realizaron plenamente estas ideas.

Mi primer grupo de estudiantes también me comentaba sus descubrimientos. Aprendían las ideas más rápido si les hacía una grabación. Cuando creaba un tema musical de apoyo, disfrutaban más con el proceso y progresaban de forma más rápida. Con el tiempo, el método se convirtió en lo que tienes en tus manos; una guía práctica para aprender a tocar guitarra.

El instrumento

Es posible que la etapa histórica de popularidad de la guitarra, sea el período Isabelino, en Inglaterra; cuando el laúd, contemporáneo de este instrumento, se encontraba en una posición privilegiada entre profesionales y aficionados. La situación era similar en el resto de los países de Europa, salvo en España, donde el instrumento preferido era la vihuela, la cual se tocaba como el laúd, pero cuya forma era más parecida a la de la guitarra. La introducción de ambos instrumentos en Europa se debe a la invasión árabe en España, en el año 711 d. de C.

A pesar de la gran variedad de guitarras que existen en el mercado actual, todas tienen las siguientes partes básicas:

Pista 2

Afinación

Para afinar la guitarra, escuche la pista 2 en el audio. Apriete o afloje la clavija corespondiente a cada cuerda hasta que suene lo más parecido. Si lo desea, puede usar un afinador electrico.

Llaves o clavijas

Se encuentran en el extremo opuesto al puente. Es donde se colocan las cuerdas y se modifica la afinación de cada cuerda.

Trastes

Se encuentran en el diapasón o mástil. Son líneas perpendiculares al diapasón hechas de algún tipo de metal. Al apoyarse entre éstos, se producen notas diferentes a las de las cuerdas al aire.

Diapasón

Es la parte que se desprende del cuerpo principal y por donde las cuerdas se colocan paralelamente. También se conoce con el nombre de *mástil*.

Cuerdas

Son hilos, originariamente de tripa de animal y después de distintas sustancias naturales o artificiales, que se colocan en la guitarra y se tocan para producir sonidos. La notas de las cuerdas tocadas al aire son (de grave a aguda) MI, LA, RE, SOL, SI y MI.

Cuerpo

La guitarra está hecha de madera.

Puente

Se encuentra en el extremo inferior de la guitarra, y es donde se colocan las cuerdas. Está hecho de madera y normalmente tiene cavidades donde se sostienen las cuerdas.

Postura

El estudio de la guitarra empieza desde el mismo momento en que usted se sienta con el instrumento. La postura del cuerpo y de las manos es extremadamente importante. Las posturas incorrectas son difíciles de corregir y pueden causar efectos complementarios como dolor en los tendones y la espalda, así como dificultad para moverse.

Siéntese con la espalda recta y los pies apoyados de siguiente manera: el pie derecho en el suelo y el pie izquierdo sobre un escabel.

Lo mejor es sentarse sobre una silla completamente plana; de esta manera las manos y el cuerpo estarán libres y relajados en el momento de tocar la guitarra.

La posición de la mano derecha sobre el cuerpo de la guitarra es muy importante, pues de ella dependen varios factores, como la agilidad y el sonido.

Las características de una buena colocación de la mano derecha son las siguientes:
- Los dedos deben estar en una posición curva, como si estuvieran sosteniendo una pelota.
- La muñeca debe estar relajada.
- El codo apoyado por la parte superior de el cuerpo de la guitarra.

Las características de una buena colocación de la mano izquierda son las siguientes:
- El pulgar apoya la mano izquierda y se coloca de forma perpendicular al mástil de la guitarra.
- La muñeca debe estar relajada.
- Las cuerdas se deben presionar (o pisarse) con la yema de los dedos.

Las manos

La mano derecha se usa para puntear las cuerdas mientras la mano izquierda se usa para pisar las cuerdas. La siguiente fotografía demuestra la numeración de la mano izquierda y las letras de la mano derecha (p=pulgar, i=índice, m=medio a=anular).

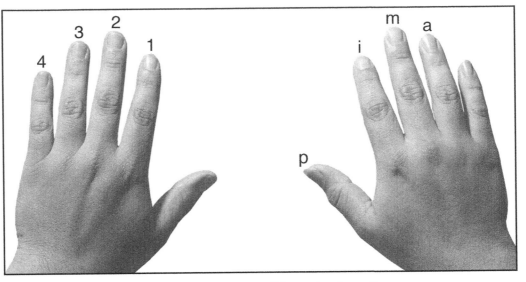

Uso de los dedos

Estilo clásico

El estilo más popular para tocar la música folklórica de Latinoamérica es usando solamente los dedos de la mano derecha. Las reglas para tocar el estilo clásico son:

- El *pulgar* toca todas las notas en las 4ta, 5ta y 6ta cuerda.
- El *índice* toca todas las notas en la 3ra cuerda.
- El *medio* toca todas las notas en la 2da cuerda.
- El *anular* toca todas las notas en la 1ra cuerda.

Las ventajas:
- Puedes tocar arreglos completos.
- Puedes tocar los acordes de forma de arpegio.
- Puedes tocar el bajo y los bajeos.

Desventaja:
- La técnica de rasgueo es un poco difícil de dominar.

Uso de la púa

El tocar con la púa (o plumilla) es una técnica moderna que utilizan los requinteros y los guitarristas que tocan con bastantes rasgueos.

Las ventajas:
- Las melodías son fáciles de tocar.
- Los rasgueos son fáciles de tocar.
- Puedes tocar con un volumen más fuerte.

Desventaja:
- Ciertas técnicas son difíciles (por ejemplo al usar bajos y bajeos).

Advertencia: Pruebe varios tipos de púas antes de escojer una. Usted encontrará púas de varios tamaños y grosores diferentes, busque una que le acomode y sea fácil de manejar.

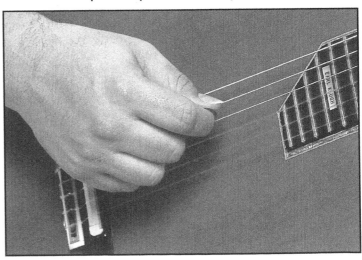

Elementos musicales

El pentagrama

El elemento musical más básico es el *pentagrama*. Llamamos *pentagrama* al conjunto de cinco (5) líneas y cuatro (4) espacios donde se escriben los detalles de una pieza musical.

La clave

Un pentagrama por sí solo no es suficiente para ubicar y descifrar qué nota se debe tocar. Para saber esto con exactitud, se necesitan otras referencias llamadas *claves*. Las *claves* son símbolos que indican la colocación de las notas en el pentagrama y el tono o la altura absoluta de las mismas. Las claves más usadas son la clave de SOL y la clave de FA. La música de guitarra se escribe en la clave de SOL.

Ahora que conocemos la clave podemos nombrar las líneas de el pentagrama.

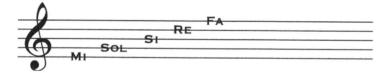

... y también los espacios.

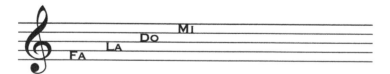

El compás

Las figuras se agrupan en lo que se conoce como *compases*, que son la división del tiempo en partes iguales. Cada compás se divide en partes iguales y cada parte se subdivide a su vez. Los compases se separan unos de otros por medio de las líneas verticales llamadas *líneas divisorias*.

Fracción que representa el compás

La *fracción que representa el compás* indica cuántas y qué tipo de notas hay por compás.

Así, en un compás de $\frac{4}{4}$, hay cuatro negras. Estas cifras se refieren al número y la clase de figura que completan el compás. El *numerador* indica la cantidad de figuras que entran en el compás. El *denominador* indica la figura que ocupa cada tiempo, de acuerdo con la siguiente tabla:

Cifra	Figura	Nota
1	Redonda	𝅝
2	Blanca	𝅗𝅥
4	Negra	♩
8	Corchea	♪

Así, un compás de $\frac{3}{4}$ tiene 3 negras por compás. La negra está representada por el número 4 en el denominador.

Notas en la primera cuerda

Redonda (𝅝) = 4 tiempos

Pista 3

Pista 4 Mɪ: 1ra cuerda, al aire

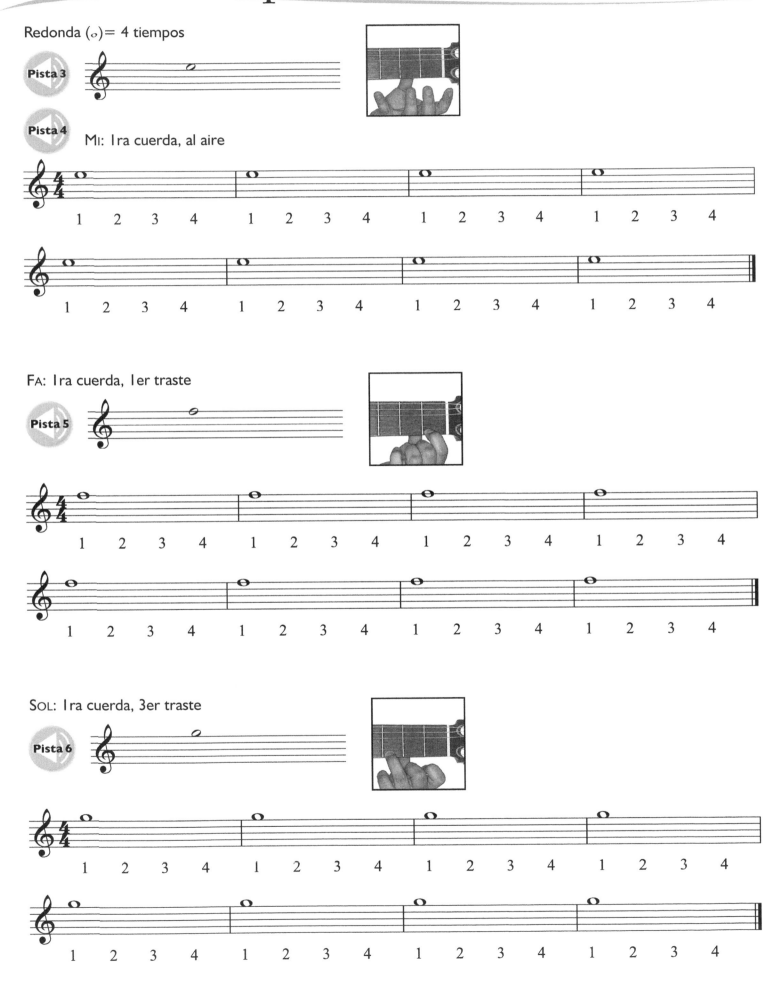

Blanca (♩)= 2 tiempos

Ejercicios diarios:

Notas en la segunda cuerda

Si: 2da cuerda, al aire

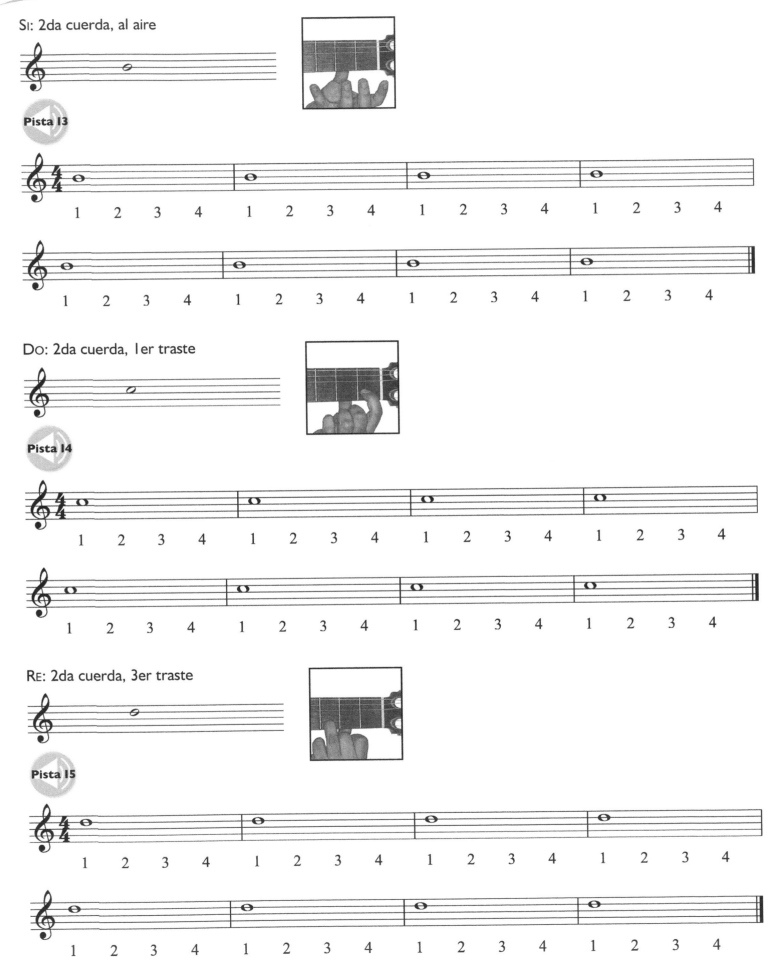

Pista 13

Do: 2da cuerda, 1er traste

Pista 14

Re: 2da cuerda, 3er traste

Pista 15

Negra (♩)= 1 tiempo

Ejercicios diarios:

Notas en la tercera cuerda

SOL: 3er cuerda, al aire

Pista 22

LA: 3er cuerda, 2do traste

Pista 23

SI: 3er cuerda, 4to traste

Pista 24

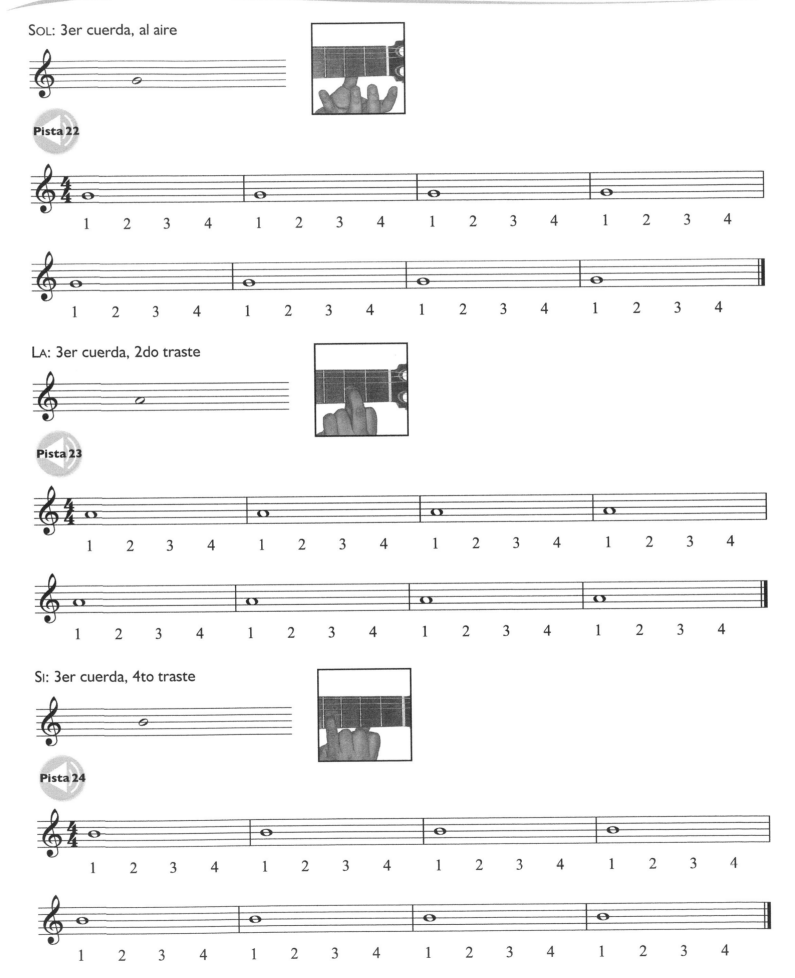

Corchea (♪)= 1/2 tiempo

Pista 25

Ejercicios diarios:

Notas en la cuarta cuerda

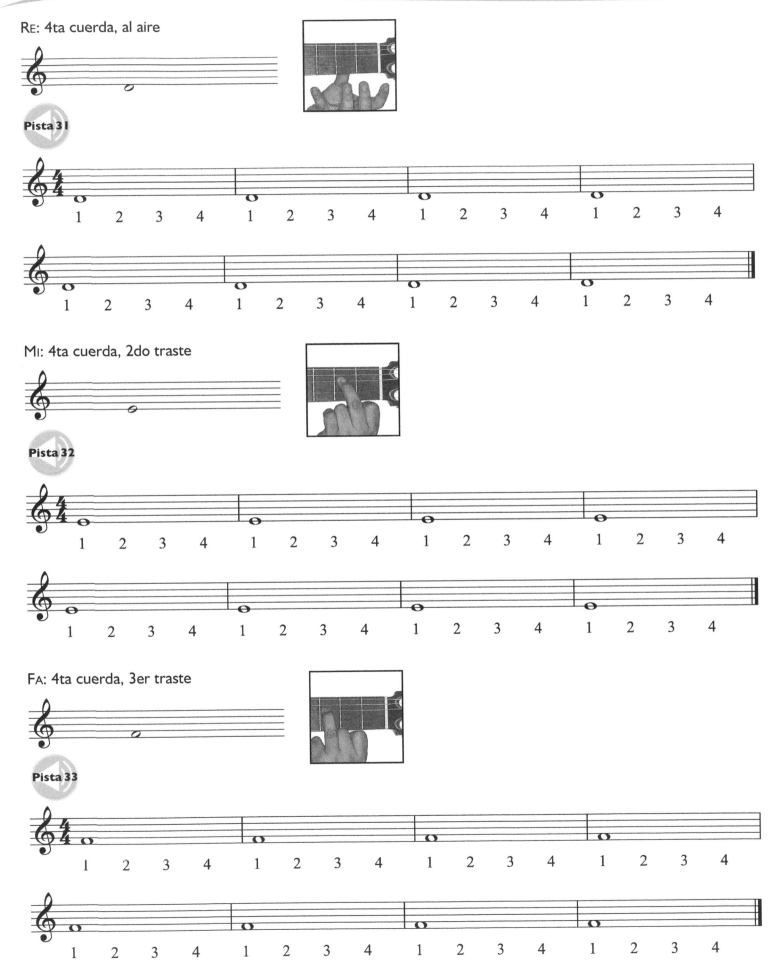

Re: 4ta cuerda, al aire

Pista 31

Mi: 4ta cuerda, 2do traste

Pista 32

Fa: 4ta cuerda, 3er traste

Pista 33

Silencio de redonda (⁻) = 4 tiempos (un *silencio* es un espacio de tiempo en el que no se produce ningún sonido).

Ejercicios diarios:

1.

2. Ver la página 31 para la explicación de las ligaduras.

3.

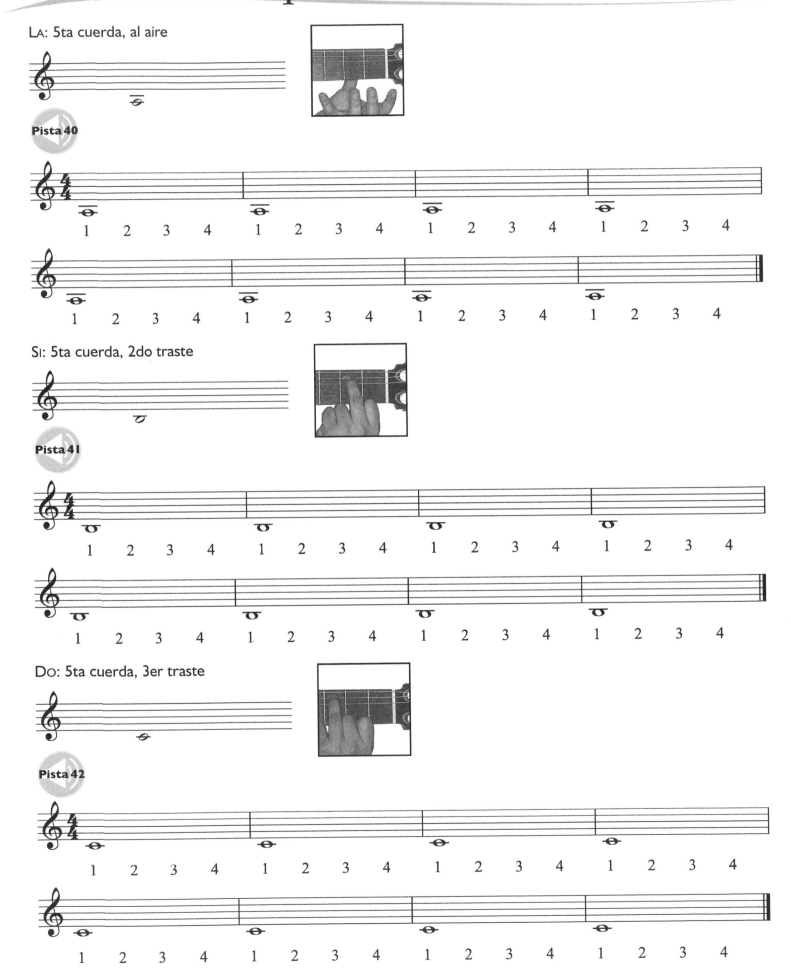

Notas en la quinta cuerda

La: 5ta cuerda, al aire

Pista 40

Si: 5ta cuerda, 2do traste

Pista 41

Do: 5ta cuerda, 3er traste

Pista 42

Silencio de blanca (⌐) = 2 tiempos

Ejercicios diarios:

Notas en la sexta cuerda

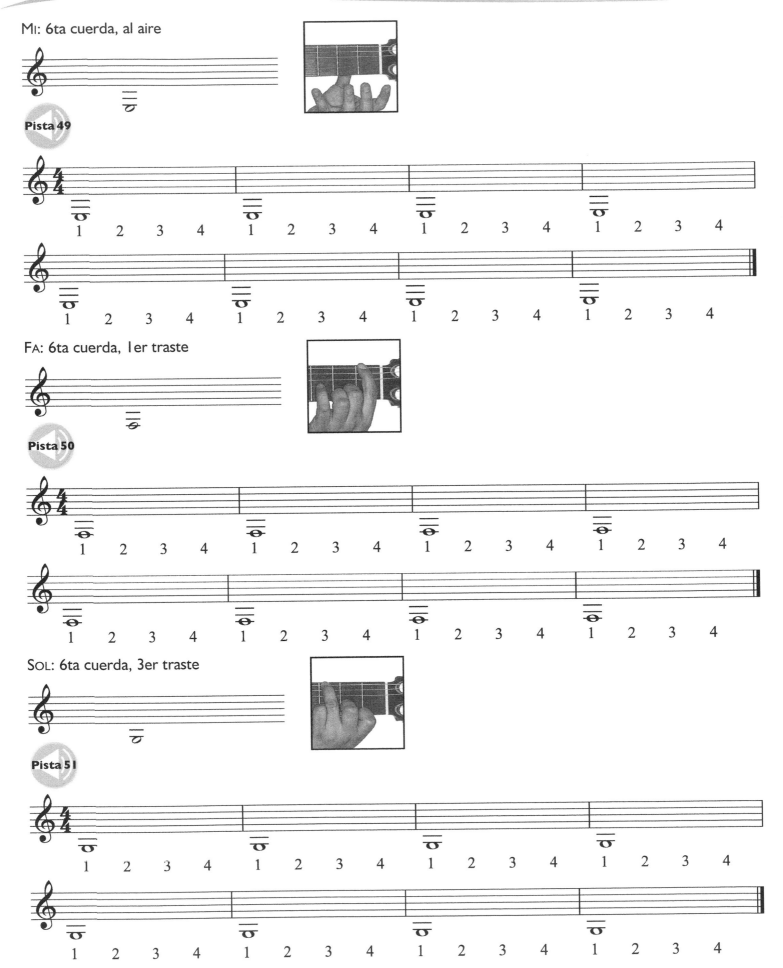

Mɪ: 6ta cuerda, al aire

Pista 49

Fᴀ: 6ta cuerda, 1er traste

Pista 50

Soʟ: 6ta cuerda, 3er traste

Pista 51

Silencio de negra (𝄽) = 1 tiempo

Ejercicios diarios:

Cómo leer la tablatura

El sistema de cifra o *tablatura* ha tenido una larga historia que data desde la música del laúd del Renacimiento. Hoy en día el sistema de cifra (TAB, por su abreviatura) usa seis líneas horizontales.

Cada una de estas líneas representa cada cuerda de la guitarra; la cuerda 1 es la más aguda (ubicada en la parte superior del diagrama) y la cuerda 6, la más grave (ubicada en la parte inferior del diagrama).

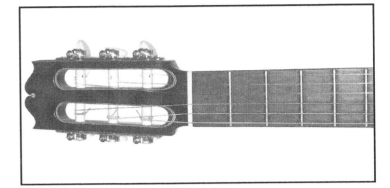

A continuación se representa la clave de TAB.

El sistema de tablatura también utiliza las líneas divisorias y los compases.

Los números que aparecen en las seis líneas indican la posición del traste, mientras que el cero (0) indica que la cuerda se debe tocar al aire.

La tablatura sólo le dará el tono. Tendrá que ver la notación común para determinar la duración de cada nota.

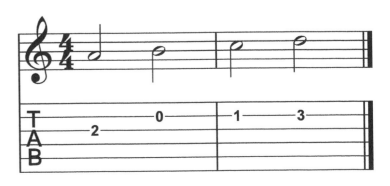

Cómo leer los cuadros de acordes

Los diagramas que se usan para ilustrar los acordes y las escalas son bastante fáciles de leer. El diagrama muestra una parte del diapasón de la guitarra.

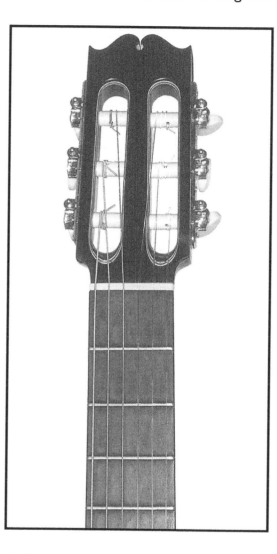
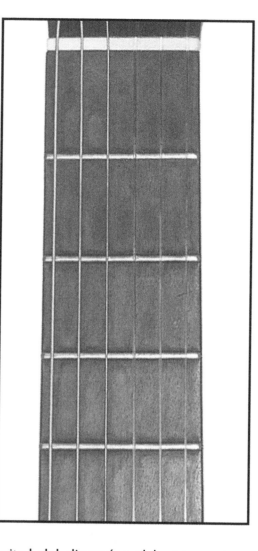

Las líneas verticales representan las cuerdas de la guitarra con la cuerda más gruesa (grave) a la izquierda y la más delgada (aguda) a la derecha. Las líneas horizontales representan los trastes. La cejuela de la guitarra se representa con la línea oscura horizontal en la parte superior del diagrama. Si la línea superior no es oscura, entonces el diagrama representa una sección de la mitad del diapasón; el lugar exacto se indica con el número de traste a la derecha del diagrama. Los puntos que aparecen en los diagramas muestran dónde debe colocar los dedos. Una **X** sobre la parte superior de la línea indica que la cuerda debe ensordecerse o no tocarse. Un **O** sobre la parte superior de la línea indica que la cuerda debe tocarse al aire.

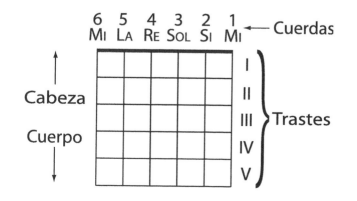

Escalas

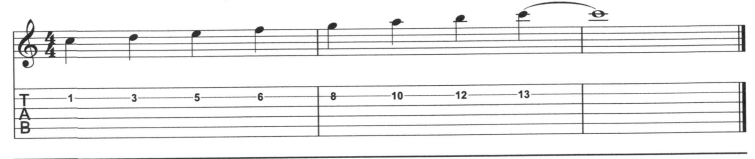

Pista 58 Las notas suben o bajan en una serie de tonos para formar una *escala*. Un *tono* es la distancia entre dos notas generalmente separadas por dos trastes, mientras que un *semitono* es la distancia entre dos notas contiguas. Fíjate en el siguiente ejemplo y observa que a medida que las notas del pentagrama suben, también suben los números de la representación en la tablatura (TAB).

Al cambiar la combinación de tonos y semitonos podemos cambiar el tipo de escala. Usaremos la escala de Do (C) mayor como punto de referencia. El siguiente diagrama ilustra la escala con números comunes.

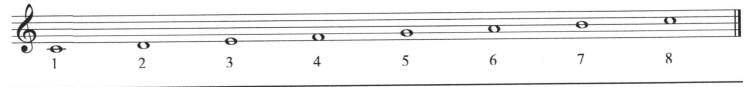

Los números comunes se refieren a los *grados de la escala* o las notas en sí mismas; por ejemplo, en la tonalidad de Do (C) mayor, el grado 2 de la escala se refiere a la nota RE (D), el grado 5 de la escala se refiere a la nota SOL (G), el grado 7 de la escala se refiere a la nota SI (B), etc. La distancia entre dos notas, o un grado de la escala a otro, se llama *intervalo*.

A continuación se muestra una guía de consulta de la escala mayor. Esta guía de escalas se puede aplicar a cualquier tonalidad.

> **Escala:** mayor
> **Fórmula:** 1 2 3 4 5 6 7 8
> **Construcción:** T T S T T T S

Se menciona primero el tipo de escala seguido de la fórmula. La *fórmula* ilustra los grados de la escala que forman esta escala. Después, se muestra la *construcción* que es la fórmula de tonos y semitonos que se usan para crear esta escala. (Esto te permitirá construir esta escala en cualquier nota).

Los siguientes números indican la cuerda donde se tocan las notas. Los números debajo de las notas indican que dedo de la mano izquierda se usa parar pisar el traste en el diapasón.

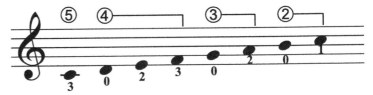

El próximo ejemplo demuestra la misma escala escrita en notación común y tablatura. Aunque este ejemplo no tiene los números debajo de las notas, la tablatura le dará una buena idea de cuales dedos deberá utilizar.

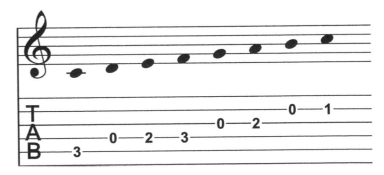

Ejercicios de técnica

A continuación encontrará algunos ejercicios para su práctica diaria.

Pista 59

Ej. 1 Secuencia de cuatro notas

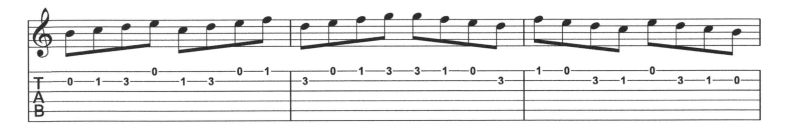

Pista 60

Ej. 2 Brincos de terceras

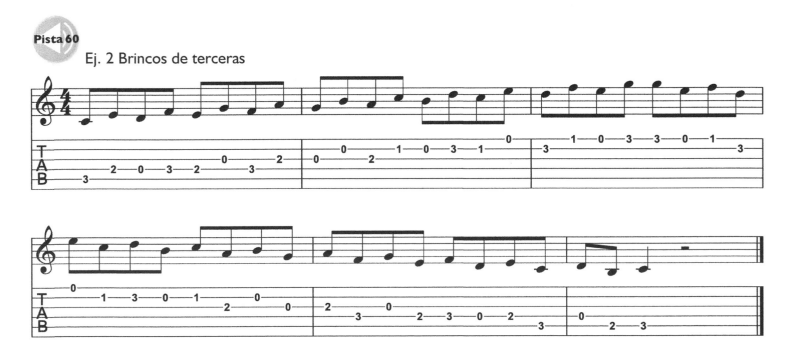

Acordes

Pista 61 Un *acorde* son tres o más notas que se tocan al mismo tiempo y que se pueden ordenar por terceras.

Cuando se escucha la música horizontalmente estamos hablando de *melodía*. Por lo tanto, cuando escuchamos la música verticalmente estamos hablando de *armonía*. Estudiar la melodía de una canción significa estudiar las escalas de la canción. Estudiar la armonía de una canción significa estudiar los acordes de la canción. Analizar estos elementos constituye el estudio de la *armonía*.

Para construir un acorde se necesita conocer la escala mayor. Utilizando los grados de escala 1, 3 y 5 se construye una tríada. (Una *tríada* es el acorde más básico que se crea con solamente tres notas.) El siguiente diagrama ilustra la escala de Do mayor y la tríada de Do mayor.

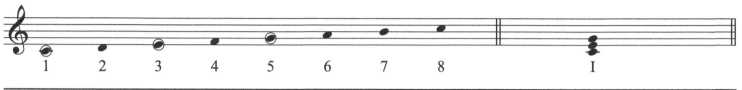

El siguiente diagrama ilustra la tríada de Do mayor con la nota Do doblada a la octava.

A continuación se encuentra el acorde de Do ilustrado con notación común, cifra de tablatura, cuadro de acorde, y fotografía.

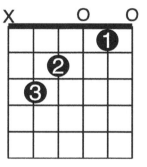
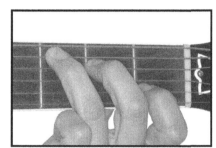

Formulas de Acordes

La nota que sirve de base para construir la tríada se conoce como *fundamental*. Las demás notas reciben el nombre del intervalo que forman con respecto a la fundamental. Un *intervalo* es la distancia entre dos notas. Así, la nota en el medio se conoce como tercera (3), y la nota superior como quinta (5).

Mayor

Un tríada mayor se puede construir de dos maneras:
1. Utilizando los grados de la escala mayor 1, 3 y 5 o
2. Utilizando intervalos: entre la 1ra y 3ra hay dos tonos; y entre la 1ra y la 5ta hay tres tonos y un semitono (o entre la 3ra y la 5ta hay un tono y un semitono).

• La fórmula para un acorde mayor es 1, 3 y 5.

Menor

Un tríada menor se puede construir utilizando la fórmula 1, ♭3 y 5. La *calidad o especie* de un acorde se determina por la tercera del acorde; o sea, el intervalo creado entre la fundamental y la tercera del acorde. Hay dos calidades diferentes de terceras:
1. *Tercera mayor* (3): dos tonos entre la fundamental y la tercera del acorde.
2. *Tercera menor* (♭3): un tono y medio (o semitono) entre la fundamental y la tercera del acorde.

• La fórmula para un acorde menor es 1, ♭3 y 5.

Progresiones

Una *progresión* es una secuencia o patrón de acordes. Al igual que dos o más notas forman un acorde, dos o más acordes forman una progresión. En la música folclórica, el *rock y el blues*, una progresión se compone generalmente de los acordes I, IV, y V. En la tonalidad de Do (C) mayor estos acordes son Do (C), Fa (F) y Sol (G). A continuación se presentan los ejemplos básicos para comenzar a tocar los acordes. Empezamos formando los acordes primero solamente con un dedo, después dos dedos, y finalmente tres dedos.

Pista 62

Ej. 1 Do–Sol un dedo

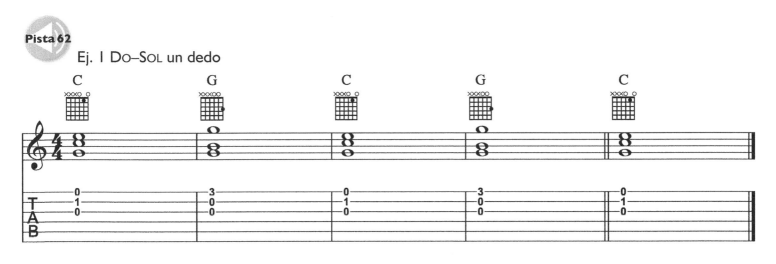

Pista 63

Ej. 2 Do–Sol dos dedos

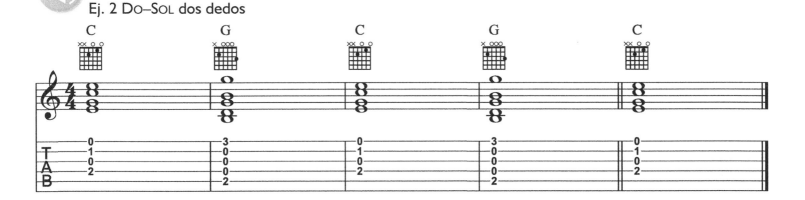

Pista 64

Ej. 3 Do–Sol tres dedos

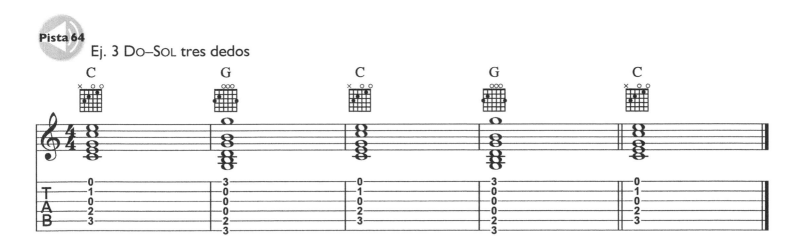

Arpegios

 Pista 65 Un *arpegio* es simplemente un acorde que se toca nota por nota o melódicamente. A continuación se demuestra el arpegio de Do mayor.

A continuación se demuestra el arpegio de Do mayor con la numeración de los dedos y la indicación de las cuerdas.

A continuación se demuestra el arpegio de Do mayor en notación común y tablatura.

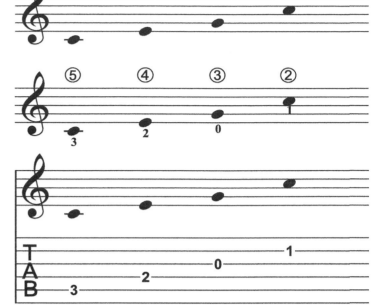

Pista 66

Ej. 1 Arpegios Do–Sol

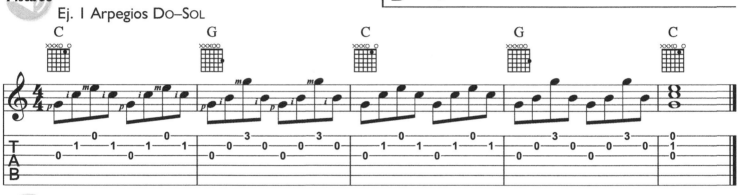

Pista 67

Ej. 2 Arpegios Do–Sol

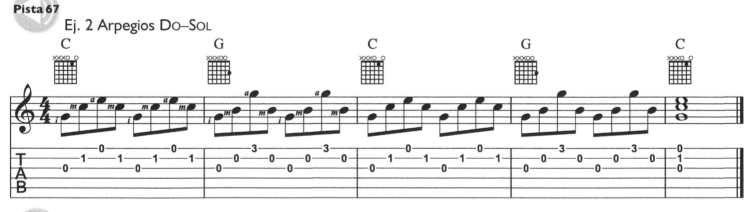

Pista 68

Ej. 3 Arpegios Do–Sol

Dinámica

La *dinámica* son los diferentes niveles de intensidad con los que se puede tocar la música. Así como a un equipo de música se le puede subir o bajar el volumen de acuerdo a la necesidad del momento, esto también ocurre cuando se toca música.

Los signos de expresión

Cuando se toca música no sólo se tocan notas, también se está expresando e interpretando ideas y frases. Con el fin de indicar qué matices sonoros hay en una pieza musical se crearon *los signos de expresión*. Éstos son:

Pista 69

pp pianissimo (muy suave)
p piano (suave)
mp mezzo piano (medio suave)

mf mezzo forte (medio fuerte)
f forte (fuerte)
ff fortissimo (muy fuerte)

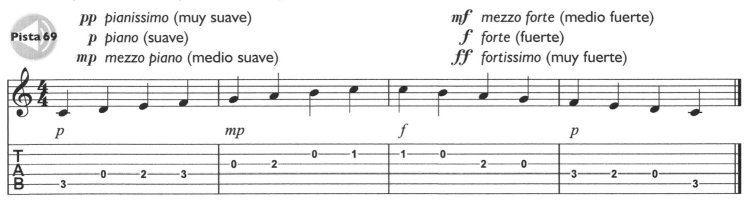

Los matices sonoros

En una obra musical se puede pasar de un matiz a otro de manera gradual. Para lograr estos matices se utilizan los símbolos *crescendo* (⪦) y *diminuendo* (⪧). El siguiente ejercicio le dará la oportunidad de practicar los matices sonoros.

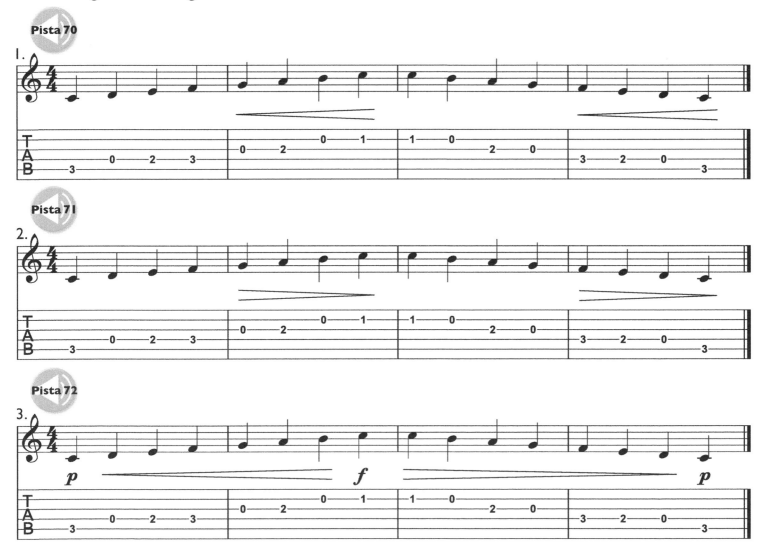

Repaso de figuras musicales

Es importante entender los elementos básicos de la música. Los signos a continuación se presentan, deben de ser memorizados y es imperativo que entienda las relaciones entre uno y otro.

Por ejemplo, un silencio de blanca tiene el mismo valor que dos negras, o dos corcheas valen lo mismo que cuatro semicorcheas y cuatro semicorcheas valen lo mismo que una negra, *etc.*

Anacrusas

Aveces hay obras musicales que no comienzan en el primer tiempo del compás. Cuando el primer compás de la pieza es más corto, las notas que se encuentran en este compás llevan el nombre de *anacrusas*. Ver "Adios Muchachos" en la página 32, "Para Elisa" en la página 36, y "La Paloma" en la página 40.

Ligaduras

La *ligadura* es una línea curva que une dos notas. Si las dos notas tienen el mismo nombre, la ligadura asume los valores de las dos notas. Si la ligadura une dos notas diferentes entonces la primera nota se ataca y la segunda nota no se ataca.

Vamos a analizar estas ligaduras a continuación.

Ligadura de prolongación

Cuando una nota está ligada a otra de igual altura mediante una línea, como se muestra en el siguiente ejemplo, esas dos notas no se separan, se tocan como si fuesen una sola. Esta línea recibe el nombre de *ligadura de prolongación*.

Escuche el ejemplo a continuación:

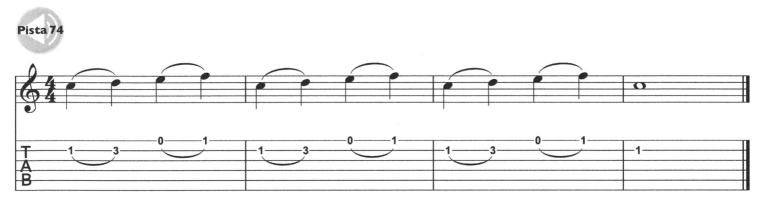

Ligaduras de articulación

Las *ligaduras de articulación* indican cuándo las notas deben ser atacadas y cuándo no.

La nota en la que comienza la ligadura de articulación debe ser atacada y el resto de las que están dentro de esa ligadura, no se deben atacar. Cuando una o varias notas no tienen ligadura, se debe atacar cada una de ellas.

En el primer ejemplo, se demuestran las ligaduras de articulación. Cuando la primer nota es más grave que la segunda y se utiliza la ligadura de articulación para unirlas, se llama: técnica de *martillar (hammeron)*.

En el siguiente ejemplo, la primer nota es más aguda que la segunda nota y se utiliza la ligadura de articulación. A esta técnica se le llama *jalar (pulloff)*.

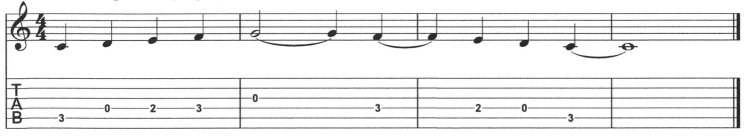

Las alteraciones

Una *alteración* es un signo que modifica la entonación (altura) de los sonidos naturales de manera ascendente o descendente.

- El *sostenido* (♯) indica que la nota debe tocarse un semitono más alta.
- El *bemol* (♭) indica que la nota debe tocarse un semitono más baja.
- El *natural* (♮) indica que se anulan los sostenidos o bemoles previos en el compás.

En la escritura musical una alteración afecta todas las notas del mismo nombre que estén ubicadas dentro de un compás. Las líneas divisorias cancelan las alteraciones por lo tanto no es necesario utilizar un natural. A continuación se presenta la canción *Adiós muchachos* para demostrar el uso de las alteraciones.

Adiós Muchachos

Julio Sanders

Enarmónicos

Algunas veces, la misma nota musical puede recibir distintos nombres: un Do♯ puede llamarse también Re♭, o un Fa♯, puede llamarse también Sol♭. Esto es así por el lugar donde se encuentran dentro de la escala diatónica. Por ejemplo, si subimos medio tono un Fa, obtenemos un Fa♯, y si bajamos medio tono un Sol

obtenemos un Sol♭ y esa nota que tiene esos dos nombres, es la misma. Esto recibe el nombre de *enarmónicos*.

Por ejemplo:
El Fa♯ en la primera cuerda y el Sol♭ en la primera cuerda son la misma nota.

Se tocan en el segundo traste. Como se demuestra en la siguiente fotografía.

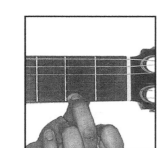

Miremos otro ejemplo: El Do♯ y el Re♭ en la quinta cuerda con el cuarto traste son la misma nota.

Escuchémoslos en forma musical:

Pista 77

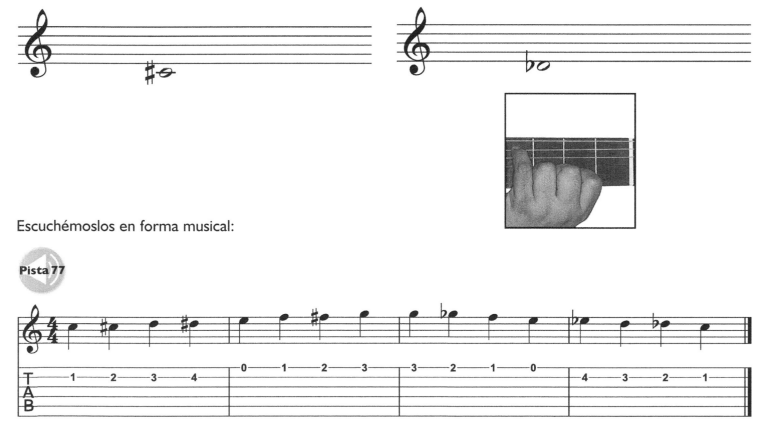

Armaduras y tonalidades

Si bien es cierto que algunas escalas no utilizan alteraciones (Do mayor y La menor natural), otras necesitan alterar ciertas notas para conservar el orden de tonos y semitonos. Por esto se utilizan las *armaduras de clave*. Las *armaduras* son alteraciones musicales que se escriben entre la clave y la indicación de compás, que afectan a todas las notas de ese nombre a través de la pieza incluyendo aquéllas en otras octavas.

Las escalas están muy relacionadas con el concepto de tonalidad. Cuando una composición utiliza una escala mayor o menor, el primer grado de esta escala se convierte en el *centro tonal*. La obra encuentra su reposo o descanso en esta nota. Se dice entonces que se está en la tonalidad relacionada a esta escala. Por ejemplo, si la escala que se utiliza es la de Fa mayor entonces la obra está en la tonalidad de Fa mayor.

Las armaduras se ilustran en la próxima sección: El *círculo de quintas*.

Cuando una armadura tiene sostenidos, el último sostenido está medio tono por debajo del primer grado de la tonalidad. Por ejemplo, si el último sostenido de la armadura es Sol, quiere decir que la tonalidad es La mayor.

En el caso de las armaduras con bemoles, el penúltimo bemol indica la tonalidad. Por ejemplo, si el penúltimo bemol es Re bemol, la tonalidad es Re bemol mayor.

Observe que una armadura corresponde a dos tonalidades: una mayor y otra menor. Este es el concepto de tonalidades relativas. Todas las tonalidades mayores tienen una tonalidad relativa menor, ésta se encuentra una tercera menor por debajo de la tónica. Por ejemplo, para la tonalidad de Sol mayor, Mi menor es su tonalidad menor relativa, y comparten la misma armadura. En La mayor, Fa sostenido menor es la tonalidad relativa, *etc.*

El círculo de quintas

Uno de los principios más importantes que establecen el movimiento de los acordes es el hecho de que existe una tendencia natural muy fuerte de las notas, a descender una quinta justa (o ascender una cuarta justa). Observa más adelante que en la escala de Do (C), la nota Sol (G) quiere ir hacia la nota Do (C), ya sea descender una quinta perfecta o ascender una cuarta perfecta, con una tendencia natural. Toca la nota Sol (G) seguida de la nota Do (C) en tu instrumento y escucharás esta fuerte tendencia.

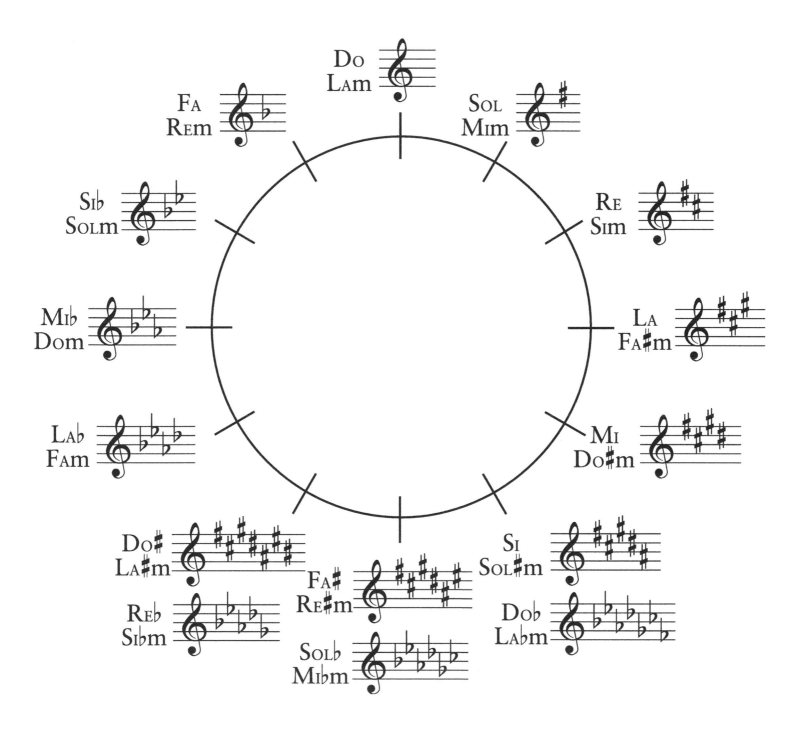

Canciones y repertorio

Es importante desarrollar un repertorio de canciones o melodías para seguir madurando como un buen músico. Las siguientes canciones le servirán para esto. Al mismo tiempo iremos introduciendo nuevos elementos musicales.

La primera canción, *Himno a la alegría*, es una melodía famosa en el mundo entero. La melodía está basada en el tono de Do mayor y se toca principalmente usando negras.

HIMNO A LA ALEGRÍA

Pista 78

Ludwig van Beethoven

PARA ELISA

Pista 79

Barras de repetición

Barras de repetición

Las *barras de repetición* indican que se debe repetir la música que está escrita entre las dos barras dos veces.

En *Un, dos, tres*, debes volver al principio cuando llegas al último compás.

Un, dos, tres es una canción juvenil. Estos tipos de canciones se pasan de una generación a otra y son utilizadas para enseñarle a los niños a contar.

Pista 80

UN, DOS, TRES

Un, dos, tres. To - dos a la vez.

Bai - le - mos la cum - bia, la cum - bia dos, tres.

Casillas de repetición

Muchas veces, es necesario que la música se repita, pero que el último o los últimos compases de esta repetición sean diferentes. Para eso, existen las *casillas de repetición*. Las casillas contienen diferentes números que indican en qué repetición deben ser tocadas.

Minuet en SOL es otra melodía muy famosa. Recuerda como se tocan las ligaduras de articulación.

MINUET EN SOL

Está canción, compuesta por el famoso compositor cubano Ernesto Lecuona, es muy famosa porque captura el sonido característico del folclore español.

El movimiento de la armonía y las alteraciones en la melodía son sinónimas del sabor latino.

MALAGUEÑA

Pista 82

Ernesto Lecuona

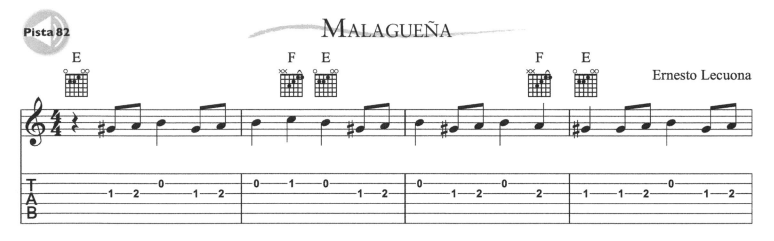

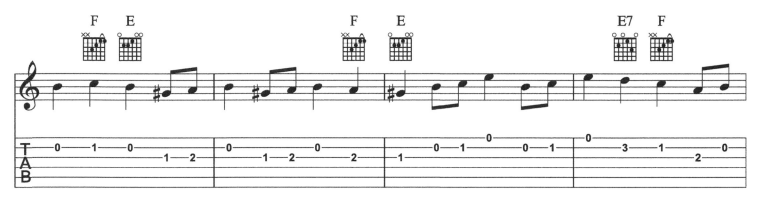

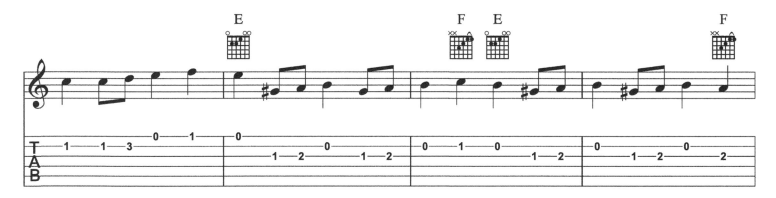

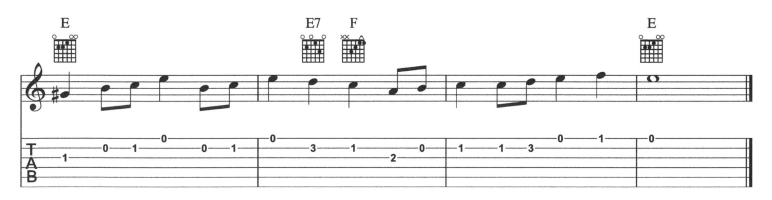

A continuación se presenta *La paloma* que es otra canción tradicional. Tenga cuidado con el ritmo, ya que incluye patrones *sincopados*. *Sincopado* quiere decir que las notas no se atacan en el golpe fuerte pero por el contrario en el golpe débil. Está canción también se toca al estilo tango. Tenga cuidado con las barras y casillas de repetición.

LA PALOMA

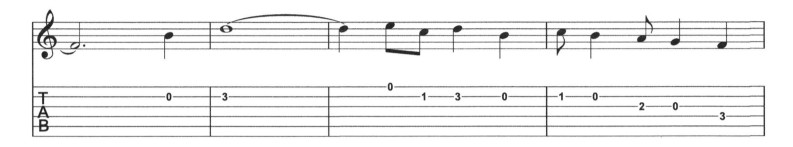

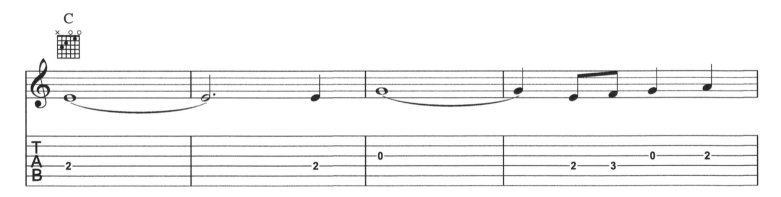

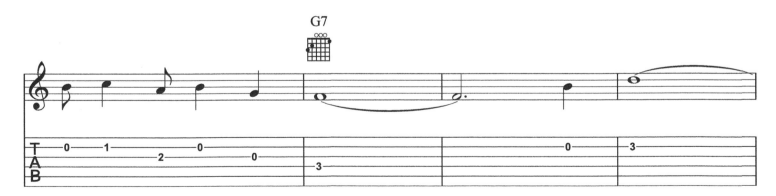

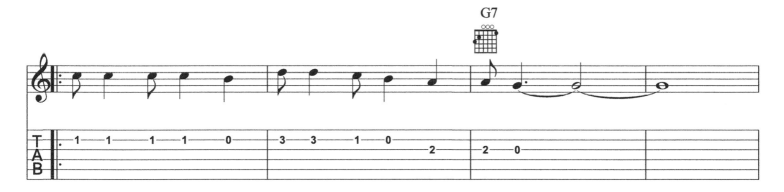

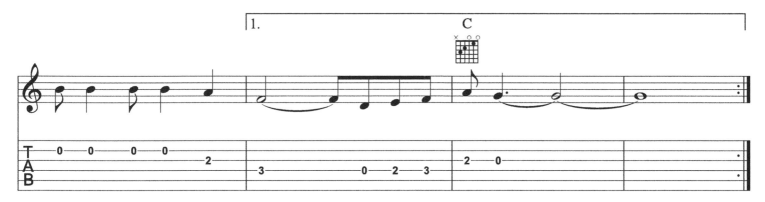

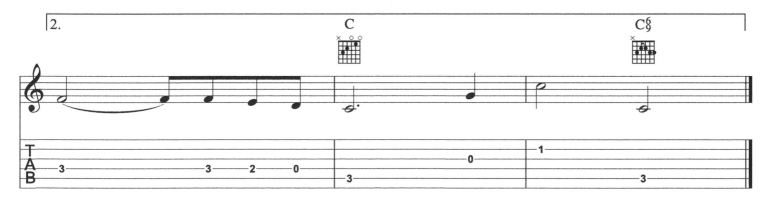

Cuando domine estas melodías, trate de tocar la armonía. Es decir, todas las canciones tienen los símbolos de los acordes y los cuadros de los mismos. Ensaye con la pista en el disco compacto. Empiece sencillamente; primero solamente trate de tocar los acordes utilizando un rasgueo por compás. Cuando tenga la canción dominada de esta manera, aumente a dos rasgueos y después tres, *etc.*

Aunque esta canción hace recordar la niñez a todos los latinos y es conocida como una canción juvenil, es un poco delicada de tocar. La razón por la que le dará dificultad, es por el cambio de tiempo. Note que empieza con tres notas por compás y termina con cuatro notas por compás.

Pista 84

LA CUCARACHA

Tradicional

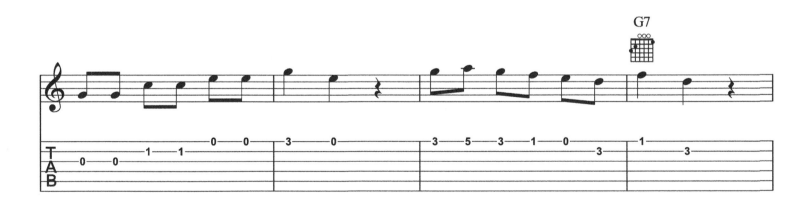

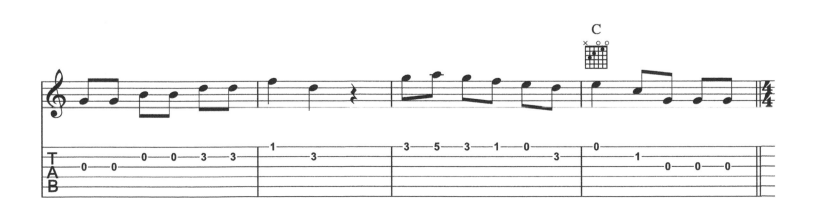

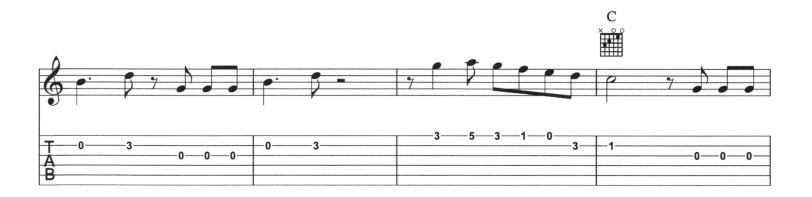

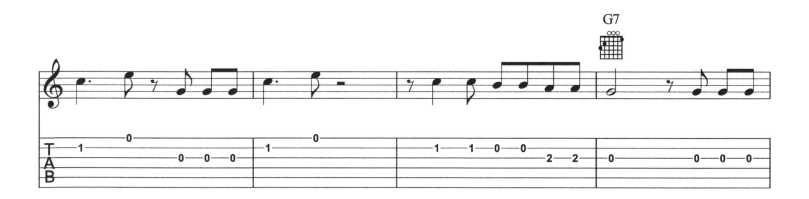

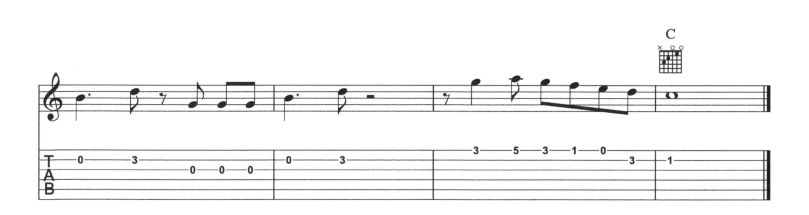

Esta última canción no necesita presentación. *Guantanamera* es sinónimo de Cuba. Se presenta aquí el estilo del son guajiro. La armonía cambia rápidamente y la melodía tiene síncopa, le recomiendo que tenga cuidado.

GUANTANAMERA

Joseíto Fernández

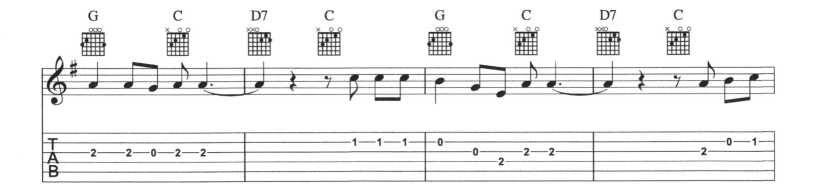

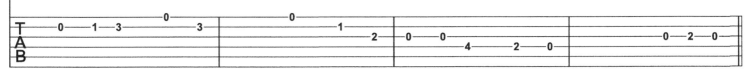

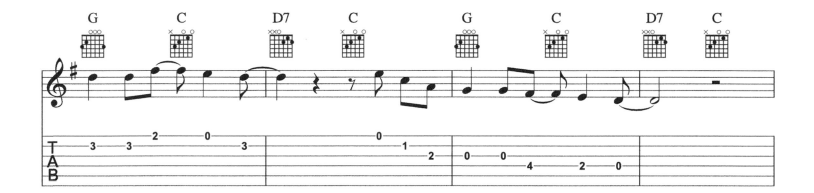

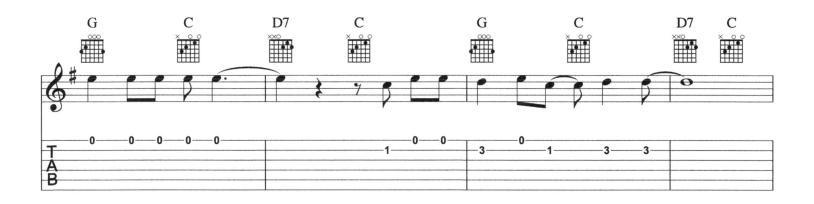

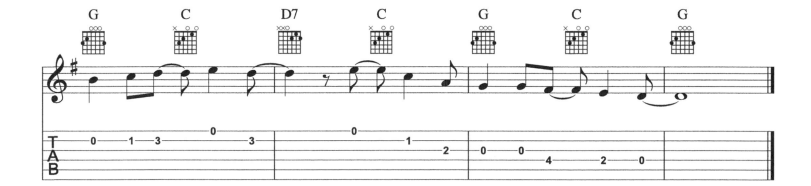

Malagueña Salerosa es una canción española famosa. Tenga cuidado con las alteraciones y ligaduras de prolongación. Esta canción se toca al estilo bolero.

MALAGUEÑA SALEROSA

Pista 86

Tradicional

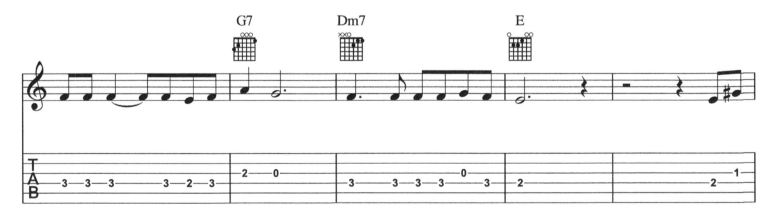

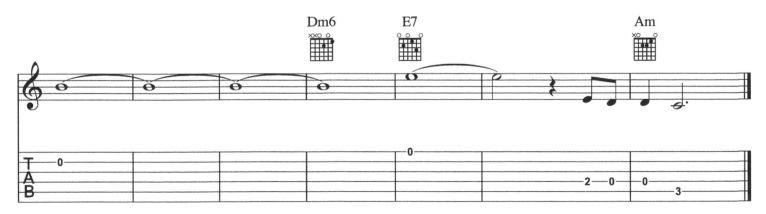

Ejercicios para tocar con la púa

Los siguientes ejercicios son para *soltar o calentar* las manos. Debe concentrarse en desarrollar la coordinación con las dos manos. Aunque estos ejercicios ayudan a desarrollar la técnica de la púa, también se pueden usar con los dedos *i* y *m* de la mano derecha para desarrollar la técnica del punteo.

Pista 87

1. Con la púa hacia abajo. Suba y baje cada cuerda a tiempo.

Pista 88

2. Subiendo el diapasón. Este ejercicio le ayudará a dominar los cambios de posición.

Pista 89

3. La técnica de lanza púa. Toque cada nota dos veces con la púa hacia abajo (⊓) y con la púa hacia arriba (∨).

Pista 90

4. La técnica de ligados martillados.

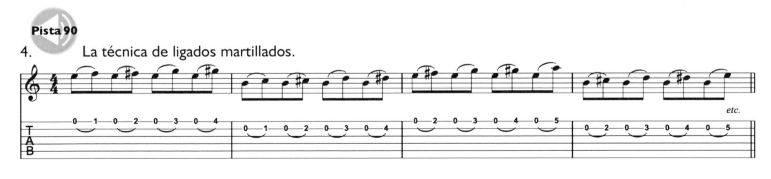

Pista 91

5. La técnica de ligados jaleados.

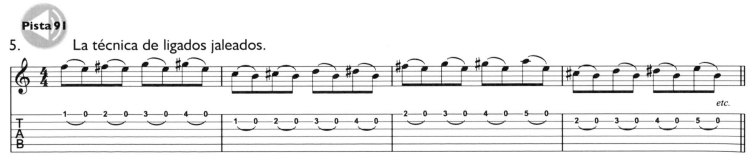

Últimas palabras

Pista 92

¡Enhorabuena! Ahora ya debe de tener una buena base para tocar la guitarra. Éste es el momento adecuado para buscar otros guitarristas y músicos para tocar con ellos, aprender de ellos y por último, ser uno de ellos. Aprenda las canciones que son populares entre los músicos locales, para que pueda tocar con ellos en cualquier momento.

"Los mejores maestros son los guitarristas que son sus ídolos" dijo una vez Stevie Ray Vaughan del álbum de B.B. King Live at the Regal, "Vuelvo a ese álbum y es como un pequeño libro... siempre hay algo nuevo que aprender..." De su colección de discos comentó: "... todos son pequeños libros". Así que, siga el consejo de Stevie Ray Vaughan y escuche tantas grabaciones como pueda de sus músicos favoritos. Aprenda la música directamente de esa fuente.

Aunque este libro ha llegado al final, el camino no tiene fin. Existen acordes y progresiones aún por descubrir y escalas y arpegios aún por explorar. Recuerde que su imaginación es su único límite. Aprenda una nueva técnica e incorpórela a tu práctica diaria hasta que sea parte de su vocabulario.

Lo próximo que debe estudiar son los acordes y las escalas. Le recomiendo los libros *¡Aprende ya! Acordes para guitarra* y *¡Aprende ya! Escalas para guitarra* para seguir con el fascinante estudio de la guitarra.

Le agradezco que me haya permitido compartir esta experiencia con usted y espero que continúe desarrollándose musicalmente. Además, le animo a que comparta lo que ha aprendido con otros y ayude a mantener viva la música. ¡Buena suerte!